NHA HISTÓRIA
e criatividade

MINHA HISTÓRIA
ponderada

MINHA HISTÓRIA
de força

NHA HISTÓRIA
que inspira

MINHA HISTÓRIA
honesta

MINHA HISTÓRIA
franca

NHA HISTÓRIA
com propósito

MINHA HISTÓRIA
de motivação

MINHA HISTÓRIA
de criatividade

NHA HISTÓRIA
fraterna

MINHA HISTÓRIA
de felicidade

MINHA HISTÓRIA
de curiosidade

NHA HISTÓRIA
de autoestima

MINHA HISTÓRIA
de coragem

MINHA HISTÓRIA
de agradecimento

EU FAÇO A MINHA HISTÓRIA

Sua história é o que você tem,
o que sempre terá.
É algo para se orgulhar.

Esta história pertence a

____

Construir uma
história não significa
chegar a algum
lugar ou alcançar
algum objetivo.
É um movimento
adiante, um meio
de evoluir, uma
maneira de tentar,
continuamente, ser
uma pessoa melhor.

UMA MENSAGEM DA MICHELLE

Depois que minhas memórias foram publicadas, me deparei com diversas reações parecidas — de desconhecidos, amigos e parentes. Diziam: "É inacreditável que você se lembre de tanta coisa". Acho esses comentários engraçados, pois, quando penso no processo de reflexão para escrever o livro, minha maior recordação é de tentar me agarrar a lembranças que quase me escapavam por entre os dedos. *Qual era mesmo o nome dela? Tomei essa decisão antes ou depois daquela conversa com o Barack? Em qual estado foi esse evento de campanha?*

Só tive diário em um curto período da minha vida, nos meus vinte e tantos anos, quando minha relação com Barack estava ficando séria e eu cogitava seguir uma nova carreira. Foi uma época conturbada, cheia de mudanças, e percebi que dedicar um tempo à escrita dos meus pensamentos me ajudava a lidar com todas as transformações. Depois guardei meu diário e só voltei a pegá-lo quando comecei a escrever minhas memórias. Na mesma hora fui levada de volta àquela minha antiga versão, e todo seu entusiasmo, sofrimento e frustração me invadiram.

A experiência fez com que eu me questionasse: "Por que não fiz mais diários?". A resposta, assim como de muitos de vocês, sem dúvida, é que simplesmente estava ocupada demais. Mudei de carreira. Casei. Tive filhas. A certa altura do caminho, acabei usando vestidos de gala na Casa Branca, sabe-se lá como.

Em retrospecto, gostaria de ter tirado mais tempo para anotar o que estava pensando e sentindo. Não me dedicava muito a escrever no diário porque me convencia a não fazê-lo — escrever pode ser bem assustador e gera consequências, pois a ideia é que, depois que você coloca a caneta no papel, seus pensamentos ganham outro peso e sentido.

O que percebo agora, entretanto, é muito mais simples: não temos que nos lembrar de tudo. Mas tudo de que nos lembramos tem relevância.

Você não precisa escrever em versos ou esperar uma epifania vir num lampejo. Também não precisa escrever no diário todo dia, mas com certeza não pode sentir que não tem algo importante a dizer. Você pode escrever sobre algo tão mundano quanto o som de um raspador de gelo no para-brisa em uma manhã gelada de Chicago. O aroma de desinfetante na casa depois da faxina de primavera. O trajeto do aeroporto para casa no carro da sua mãe. Até mesmo a sua lista de afazeres para o dia seguinte. Uma das minhas entradas preferidas narrava uma noite em um restaurante da vizinhança sem grandes acontecimentos, a não ser pelo fato de um senhor ter criado uma playlist perfeita na jukebox.

Lembre-se apenas de que tudo importa — os sons e os cheiros, as risadas e a dor —, porque, no final das contas, tudo isso é parte da sua história. Espero que você use este diário para anotar suas experiências, seus pensamentos e seus sentimentos, com todas as suas imperfeições, e sem juízos de valor. A ideia do exercício não é dourar suas experiências, ou escrever algo diferente do que você de fato sente, ou se obrigar a buscar um desenlace impecável. Pois a beleza da vida é que a experiência que você tem hoje talvez lhe pareça totalmente diferente após alguns meses, ou anos, ou décadas. Talvez você volte a estas páginas e veja partes de si que nem mesmo enxergue hoje, o que é ainda mais verdade para quem está dando os primeiros passos nessa caminhada, momento em que as alegrias e as dores às vezes parecem fortes demais, à flor da pele. Escrever é uma forma de processar, compreender, crescer e, sim, relembrar.

Esta talvez seja a parte mais fundamental da sua transformação: ver essas diversas histórias que você vai escrever e aceitá-las pelo que realmente são — suas.

Com muito carinho,

Michelle Obama

Se você não
entender que sua
história é relevante,
o mais provável é
que ninguém mais
entenda. Portanto,
mesmo que não
seja sempre fácil,
é importante que
você encontre forças
para compartilhar
sua verdade.
Pois o mundo
precisa ouvi-la.

DATA / /

Qual é a sua história
e como você aprendeu
a aceitá-la?

DATA / /

Onde foi que sua história sofreu uma reviravolta?

DATA / /

Você tem citações favoritas? Coloque três delas aqui.

DATA / /

Descreva o momento de que você mais se orgulha da forma mais detalhada possível.

MINHA HISTÓRIA

Fui criada para
ser confiante,
desimpedida,
acreditando poder
buscar e conseguir
tudo o que quisesse.
E eu queria tudo…

DATA / /

O que você quer? Liste dez coisas que queira para si. Para cada item, escreva um passo simples para tornar seu desejo realidade.

1.

2.

3.

4.

5.

6.

7.

8.

9.

10.

DATA / /

Descreva a casa onde você passou a infância. Quais são os detalhes que mais se sobressaem? O que tornava sua casa diferente da dos seus amigos?

DATA / /

Descreva a sua casa atual. No que ela é diferente da dos seus amigos? O que você mais ama nela?

DATA / /

Eu não tinha nada, ou tinha tudo. Depende de como você quer contar essa história.

O lugar de onde viemos tem um impacto imenso na pessoa que somos. Descreva o bairro onde você cresceu. O que havia de especial nele? Era um lugar problemático? Que influência teve sobre quem você é hoje?

DATA / /

Liste suas cinco comidas caseiras preferidas.

1

2

3

4

5

DATA / /

Descreva um jantar inesquecível. O que você comeu? Foi em casa ou em outro lugar?

MINHA HISTÓRIA

DATA / /

O que você fazia
nas férias escolares
quando era criança?

DATA / /

Que atividades você já praticou, mas não tem mais tempo para praticar? Como fazer para retomá-las?

DATA / /

Se pudesse conversar com um ente querido já falecido, que perguntas lhe faria?

DATA / /

De onde vieram seus antepassados e que desafios enfrentaram?

Se tem uma coisa que aprendi na vida, é o poder de usar a própria voz.

Escreva sobre um momento em que você contou sua verdade aos outros. Como você se sentiu? O que aprendeu?

DATA / /

MINHA HISTÓRIA

DATA / /

Que tipo de pessoa você quer ser?

DATA / /

De que maneira você quer contribuir para o mundo? Que pequeno passo você pode dar este ano para ir mais além nessa contribuição?

DATA / /

Este mês, tenha a coragem de compartilhar um pouco mais da sua história com alguém. Pergunte a essa pessoa sobre a história dela. O que você descobriu sobre si mesmo? O que descobriu sobre essa pessoa?

Há poder em se permitir conhecer e ouvir, em ter sua própria história, em usar sua voz autêntica. E há beleza em se dispor a conhecer e ouvir os outros. Para mim, é assim que construímos nossa história.

DATA / /

Quais foram as maiores lições que você aprendeu quando criança?

MINHA HISTÓRIA

Minha família era o meu mundo, o centro de tudo.

O que a sua família significa para você?

DATA / /

MINHA HISTÓRIA

DATA / /

Com o máximo de detalhes, descreva uma das lembranças preferidas que você criou com seus entes queridos.

DATA / /

Descreva um dia perfeito — começando com o café da manhã e terminando com o jantar.

MINHA HISTÓRIA

DATA / /

Escreva uma carta para você mesmo quando era adolescente, dando conselhos e revelando o que o futuro lhe reserva.

DATA / /

Escreva uma carta para você mesmo no futuro, resumindo suas expectativas para os próximos anos.

DATA / /

Qual foi a coisa mais espontânea que você já fez?

DATA / /

Quais foram as dez coisas mais importantes que aconteceram com você este mês?

1.

2.

3.

4.

5.

6.

7.

8.

9.

10.

Eu era mulher, negra e forte, o que para determinadas pessoas, mantendo certa mentalidade, só poderia se traduzir em "raivosa". Era outro clichê danoso, sempre empregado para varrer para o canto as mulheres de minorias, um sinal inconsciente de que não deveriam escutar o que tínhamos a dizer.

DATA / /

Você já se sentiu alvo de um clichê? Como reagiu?

MINHA HISTÓRIA

DATA / /

Olhe pela janela da sua casa. Anote o que você vê.

DATA / /

Qual foi a manchete mais importante do dia em que você nasceu? Essa notícia ainda é relevante?

MINHA HISTÓRIA

DATA / /

Qual foi o último livro incrível que você leu? O que aprendeu com ele?

Um dos primeiros livros que amei e li inteiro em um dia... foi *A canção de Solomon*, de Toni Morrison. Esse livro me ajudou a amar a leitura, que antes dele era algo que eu fazia porque tinha que fazer. Mas esse livro me arrebatou, prendeu a minha atenção e fiquei lendo sem parar... Tem muitos, muitos outros que li assim ao longo dos anos, mas *A canção de Solomon* foi meu primeiro.

DATA / /

Liste dez coisas divertidas que você gosta de fazer.

1.

2.

3.

4.

5.

6.

7.

8.

9.

10.

DATA / /

Qual é seu objeto mais estimado e como ele chegou às suas mãos?

Muito antes de se tornar um resultado verdadeiro, o fracasso começa como um sentimento. É a vulnerabilidade que gera insegurança e depois é intensificada, muitas vezes de propósito, pelo medo.

O que você pode fazer — como indivíduo, pai ou mãe, membro da comunidade — para ajudar a romper o ciclo do medo e do fracasso?

DATA / /

MINHA HISTÓRIA

DATA / /

Escolha uma de suas fotos preferidas e faça uma história descrevendo o que você vê.

DATA / /

Qual é a pessoa mais feliz que você conhece? O que você acha que lhe traz alegria?

Ao buscar novas perspectivas e tentar sair de nossa zona de conforto, podemos descobrir novas coisas sobre nós mesmos.

Se pudesse viajar para qualquer lugar, para onde você iria e o que faria?

DATA / /

MINHA HISTÓRIA

DATA / /

Pense na sua infância, nas visitas aos seus avós ou a outras pessoas idosas. Registre uma lembrança específica dessas visitas da forma mais detalhada possível, incluindo as imagens, os sons e os cheiros.

DATA / /

Qual marca essas pessoas mais velhas deixaram em você?

MINHA HISTÓRIA

DATA / /

Liste suas dez verduras preferidas e diga como gosta de prepará-las.

1.

2.

3.

4.

5.

6.

7.

8.

9.

10.

Eu agora sabia que os morangos chegam ao auge da suculência em junho, que as folhas escuras são mais ricas em nutrientes e que não era tão difícil fazer chips de couve no forno.

DATA / /

Como a natureza nutre você?

MINHA HISTÓRIA

DATA / /

Como você celebra as datas comemorativas? Quais são as tradições da sua família?

DATA / /

Descreva uma celebração inesquecível — antiga ou recente. Onde você estava? Quem estava presente? Qual foi o prato servido?

Você só sabe o quanto é apegado quando se muda, quando experimenta a sensação de estar deslocado, um pedaço de madeira boiando aleatoriamente em outros mares.

Qual foi a última vez que você foi lançado em uma situação nova ou desconfortável? Que efeito essa mudança repentina teve sobre você? Que benefícios ela trouxe para a sua vida?

DATA / /

MINHA HISTÓRIA

DATA / /

Os jovens dão mais de si quando sentem que recebem mais.

Liste cinco pessoas que investiram em você quando era criança.

1 ______

2 ______

3 ______

4 ______

5 ______

DATA / /

Escolha uma pessoa da sua lista na página anterior e descreva como a ajuda dela influenciou suas conquistas atuais.

MINHA HISTÓRIA

DATA / /

Como você ia para
a escola todo dia
quando era novo?

DATA / /

Quem foi o professor mais marcante da sua infância? Por que essa pessoa lhe causou tamanho impacto?

DATA / /

Qual foi o maior sacrifício que você já fez?

MINHA HISTÓRIA

Criei um hábito que me deu forças ao longo da vida: manter um grupo animado de amigas íntimas — um porto seguro de sabedoria feminina.

1

Liste três pessoas que contribuem para o seu círculo de força. Ao lado do nome de cada uma, diga por que ela é tão confiável.

DATA / /

2

3

DATA / /

Crie uma playlist de dez canções que você poderia escutar várias vezes seguidas.

1.

2.

3.

4.

5.

6.

7.

8.

9.

10.

A música sempre foi uma parte essencial da história que construí.

UMA PLAYLIST PARA *MINHA HISTÓRIA*

1. "Ain't No Mountain High Enough", Marvin Gaye e Tammi Terrell
2. "The Way You Do the Things You Do", The Temptations
3. "Dancing in the Street", Martha Reeves & the Vandellas
4. "Please, Mr. Postman", The Marvelettes
5. "This Old Heart of Mine (Is Weak For You)", The Isley Brothers
6. "Ain't Nothing Like the Real Thing", Marvin Gaye e Tammi Terrell
7. "Baby Love", The Supremes
8. "It's the Same Old Song", Four Tops
9. "Just My Imagination (Running Away with Me)", The Temptations
10. "Signed, Sealed, Delivered (I'm Yours)", Stevie Wonder
11. "I Heard It Through the Grapevine", Gladys Knight & the Pips
12. "My Guy", Mary Wells
13. "It Takes Two", Marvin Gaye e Kim Weston
14. "I Can't Help Myself (Sugar Pie, Honey Bunch)", Four Tops
15. "Who's Loving You", The Jackson 5
16. "Beauty Is Only Skin Deep", The Temptations
17. "The Tracks of My Tears", Smokey Robinson & the Miracles
18. "For Once in My Life", Stevie Wonder
19. "Baby, I'm for Real", The Originals

20. "Reach Out I'll Be There", Four Tops

21. "What's Going On", Marvin Gaye

22. "Mercy Me (The Ecology)", Marvin Gaye

23. "As", Stevie Wonder

24. "Color", Zhané

25. "I Love Your Smile", Shanice

26. "Treat Her Like a Lady", The Temptations

27. "Zoom", Commodores

28. "The Truth", India.Arie

29. "Didn't Cha Know", Erykah Badu

30. "My Cherie Amour", Stevie Wonder

31. "Woman's World", BJ the Chicago Kid

32. "I'm Coming Out", Diana Ross

33. "Video", India.Arie

34. "Square Biz", Teena Marie

35. "Rhythm of the Night", DeBarge

36. "You and I", Rick James

37. "Someday We'll Be Together", Diana Ross & the Supremes

38. "Feel So Good", Perri

DATA / /

Aprendi que é mais difícil odiar alguém de perto.

Descreva uma conversa recente que tenha tido com alguém que não partilha da sua história ou do seu ponto de vista. Como você lidou com a conversa?

DATA / /

Que tipo de infância seus pais ou avós tiveram? Em quais aspectos é diferente e parecida com a sua?

MINHA HISTÓRIA

Sua história é o que você
tem de mais poderoso —
as batalhas, os fracassos,
os sucessos e o que tudo
isso envolve. Lembre-se
de sempre estar aberto
a novas experiências
e nunca deixar que
os céticos atrapalhem
seu caminho.

DATA / /

Liste uma batalha, um fracasso e um sucesso que você teve na vida. O que você aprendeu com cada um deles?

UMA BATALHA:

UM FRACASSO:

UM SUCESSO:

DATA / /

Você serviu ao exército ou conhece alguém que tenha servido? Para você, o que significa servir ao seu país?

DATA / /

Como você se descreveria a alguém que não o conhece?

DATA / /

Criar sua história exige a mesma dose de paciência e rigor.

Descreva um momento em que a paciência e o rigor contribuíram para seu amor-próprio e crescimento.

DATA / /

Escreva sobre um momento específico em que alguém menosprezou um sonho seu na tentativa de reduzir suas expectativas. Como você se sentiu? Como tentou superar esse obstáculo?

DATA / /

Liste cinco aspectos em que essa pessoa estava enganada.

1

2

3

4

5

DATA / /

Qual foi a última vez que você chorou para valer e como se sentiu depois?

DATA / /

Como você se cuida depois de um dia péssimo?

Uma transição é exatamente a definição da palavra: uma passagem para algo novo.

Por qual transição você está passando neste exato momento? Sente-se preparado para ela?

DATA / /

MINHA HISTÓRIA

DATA / /

Qual era o melhor programa de TV que você assistia quando criança? O que está vendo agora?

DATA / /

Qual é o seu personagem de programa de TV preferido e qual característica dele você considera a mais interessante?

DATA / /

Pense em um desafio no qual tenha embarcado recentemente — um que talvez lhe parecesse uma novidade, algo empolgante, e talvez causasse um pouquinho de medo. Liste três características que fazem de você uma pessoa perfeitamente apta a enfrentar o desafio.

1

2

3

DATA / /

Se você pudesse voltar no tempo e se dar um conselho antes de embarcar nesse desafio, o que teria dito?

DATA / /

De que forma suas crenças mudaram ao longo dos anos?
De que forma continuam iguais?

MINHA HISTÓRIA

DATA / /

Reflita sobre a maior batalha que você já enfrentou. Qual foi e como ela contribuiu para o seu crescimento?

MINHA HISTÓRIA

Todos os habitantes da Terra carregam uma história desconhecida e só por isso já merecem tolerância.

Quais grandes acontecimentos históricos afetaram a sua família — seja no passado distante ou mais recentemente?

DATA / /

MINHA HISTÓRIA

DATA / /

Que papel a religião ou a espiritualidade têm na sua vida?

DATA / /

Escreva sobre um momento em que você não tinha preocupações.

MINHA HISTÓRIA

Sou boa o bastante?

Sim, eu sou.

DATA / /

Liste dez razões por que você é uma pessoa especial e respeitável. Releia a lista sempre que duvidar de si mesmo. Você sempre será bom o bastante!

1.

2.

3.

4.

5.

6.

7.

8.

9.

10.

DATA / /

Escreva uma carta de agradecimento a uma pessoa amada.

DATA / /

Como você se conecta com as pessoas ao seu redor?

DATA / /

Descreva as pessoas que o cercam e como essas relações se desenvolveram na última década.

DATA / /

Liste cinco mudanças que você gostaria que um líder municipal fizesse e que causariam um grande impacto positivo na sua vida e na das pessoas ao seu redor.

1

2

3

4

5

DATA / /

Liste seus maiores talentos. Lembre-se de aceitá-los e mostrá-los ao mundo com orgulho!

1.

2.

3.

4.

5.

6.

7.

8.

9.

10.

DATA / /

Como você definiria a palavra "líder"? Você já cogitou assumir um posto de liderança? Por quê?

DATA / /

A insegurança não torna as emoções menos difíceis quando as sentimos, mas, no final das contas, ela pode ser útil, desde que não afete o modo como nos enxergamos.

Quais inseguranças em relação a si mesmo você descobriu serem irreais? Quais métodos você usa quando duvida de si mesmo?

Muitos de nós
passam a vida
inteira escondendo
a própria história,
sentindo medo
ou vergonha quando
nossa verdade
não corresponde
ao ideal...
Até que alguém ouse
contar essa história
de outra maneira.

DATA / /

Descreva alguém que você conheça que teve a coragem de contar a própria história. Que mudança isso causou na percepção que você tinha dessa pessoa? Que mudança causou na percepção que tem de si mesmo?

DATA / /

Como você marca a mudança das estações? Qual é o seu mês preferido?

DATA / /

Você aceita bem as mudanças na sua própria vida? Por quê?

MINHA HISTÓRIA

Para mim, a magia está em aprender.

Quais habilidades ou lições você buscou aprender já adulto? Que mudanças o aprendizado traz para sua vida hoje em dia?

DATA / /

MINHA HISTÓRIA

DATA / /

Ao longo da história, qual pioneiro mais o influenciou? Se pudesse conhecer essa pessoa, que perguntas você lhe faria?

MINHA HISTÓRIA

DATA / /

Qual legado você quer deixar?

Estávamos plantando as sementes da mudança e talvez nunca víssemos seus frutos. Precisávamos ser pacientes.

DATA / /

Liste cinco pequenas vitórias que você teve esta semana.

1

2

3

4

5

DATA / /

Mudanças começam do zero. Diga uma coisa simples que você pode fazer esta semana para gerar uma nova mudança na sua vida ou na de outra pessoa.

MINHA HISTÓRIA

DATA / /

Se você não assume logo uma posição, os outros, rápida e imprecisamente, definem uma posição para você.

Como outras pessoas tentaram definir você no passado, e de que forma a percepção alheia diferia da que você tem de si mesmo?

DATA / /

Escreva sobre alguém que pareça fazer parte da sua família. O que você mais ama nessa pessoa?

DATA / /

As partes importantes da minha história estavam menos no valor superficial de minhas realizações e mais no que as alicerçava: as muitas demonstrações de apoio e as pessoas que ajudaram a construir minha autoconfiança ao longo do tempo.

Quem são seus mentores e como você cultiva sua relação com eles?

DATA / /

De quanto em quanto tempo você se reúne com os amigos e o que vocês gostam de fazer? É o bastante?

DATA / /

Liste seus dez filmes preferidos.

1.

2.

3.

4.

5.

6.

7.

8.

9.

10.

DATA / /

Como você retribui o que as pessoas ao seu redor fazem por você?

DATA / /

Você já teve a oportunidade de causar mudanças na vida de outras pessoas?

MINHA HISTÓRIA

DATA / /

Se lhe pedissem para fazer um discurso de formatura, que conselho daria aos formandos?

DATA / /

O que aconteceu na sua vida hoje? Liste cinco coisas que correram bem.

1

2

3

4

5

DATA / /

O que autocuidado significa para você? Como você poderia criar mais tempo para cuidar de si?

DATA / /

De quais pessoas da sua família você cuida? Como essa relação o define?

MINHA HISTÓRIA

Coexistir com o forte senso de propósito de Barack... era algo a que eu tinha que me ajustar, não porque ele fizesse alarde, mas porque seu senso era algo realmente vivo.

O que lhe dá propósito? Quem mais na sua vida partilha dessa determinação?

DATA / /

DATA / /

Você já sofreu uma perda? De que forma ela influenciou sua vida?

DATA / /

Escreva sobre a última vez que você esteve realmente em paz. Onde estava? O que estava fazendo? Como atingir essa sensação novamente?

MINHA HISTÓRIA

DATA / /

Qual foi a última vez que você teve a sensação de estar no caminho errado apesar de o mundo achar que estava fazendo o que era certo? O que você decidiu?

DATA / /

Liste as dez questões sociais mais importantes que você sente necessidade de abordar.

1.

2.

3.

4.

5.

6.

7.

8.

9.

10.

Quando eles jogam baixo, nós saímos por cima.

Como você põe essa fala em prática?

DATA / /

MINHA HISTÓRIA

DATA / /

Quem foi seu primeiro amor?

DATA / /

Como a sua família lida com as demandas do mundo?

DATA / /

Você já abraçou ambições que criaram discórdia com as pessoas que mais ama e nas quais mais confia? Como conseguiu manejar esses mundos diferentes?

DATA / /

Se pudesse encontrar mais tempo para fazer o que ama, o que você faria?

MINHA HISTÓRIA

Queria ter uma vida profissional e uma vida doméstica, mas com a garantia de que uma nunca prejudicasse a outra. Esperava ser exatamente como a minha mãe e, ao mesmo tempo, o contrário dela. Era uma coisa estranha, confusa, a se pensar. Eu podia ter tudo? Queria ter tudo? Não fazia ideia.

DATA / /

Como você equilibra os conflitos da vida profissional e da vida doméstica?

DATA / /

Liste dez programas que você já fez com a sua família.

1.

2.

3.

4.

5.

6.

7.

8.

9.

10.

DATA / /

Escolha um programa da sua lista e mergulhe mais fundo: o que fez, onde foi e quem estava junto com você?

MINHA HISTÓRIA

DATA / /

Por quem ou pelo que você se sente grato?

DATA / /

Como expressa a sua gratidão?

DATA / /

Você já teve que mudar o rumo da sua vida? De que forma essa mudança o ajudou?

DATA / /

O que você faz para ser uma pessoa centrada?

MINHA HISTÓRIA

DATA / /

Como você gosta de relaxar depois de um dia muito difícil?

DATA / /

O que o inspira? Liste as dez primeiras coisas que vierem à sua cabeça.

1.

2.

3.

4.

5.

6.

7.

8.

9.

10.

As pessoas mais bem-sucedidas que conheço descobriram uma forma de conviver com as críticas, de se apoiar em quem acredita nelas e de seguir em frente com seus objetivos.

Pense em um conhecido que tenha superado obstáculos para atingir seus objetivos. Como você acha que ele fez isso? O que você aprendeu com o percurso dele?

DATA / /

MINHA HISTÓRIA

DATA / /

Descreva um momento em que você teve que defender suas ideias. O que lhe deu coragem? O que o atrapalhou?

DATA / /

Você já precisou defender outra pessoa? Descreva a situação e o resultado.

MINHA HISTÓRIA

DATA / /

Quem é o seu exemplo de vida? Como essa pessoa o influenciou?

DATA / /

Quem o admira?
Como você mantém o encanto dessa pessoa?

MINHA HISTÓRIA

DATA / /

Qual é a melhor parte da sua rotina matinal?

DATA / /

Liste cinco coisas que você faz para relaxar no fim do dia.

1

2

3

4

5

DATA / /

Anote aqui uma de suas receitas de família preferidas. O que a torna excepcional?

DATA / /

De onde veio seu nome e que influência teve sobre quem você se tornou?

DATA / /

Como você leva sua própria história, cultura e experiência a lugares onde elas nunca existiram?

DATA / /

Se pudesse reescrever os livros de História, o que você acrescentaria? O que acha que foi deixado de fora?

MINHA HISTÓRIA

DATA / /

Descreva o mundo dos seus sonhos. Quais mudanças — sejam elas locais, nacionais ou globais — você gostaria de ver?

Pessoas de todas as origens, cores e posições políticas entendem a sensação de incerteza ou de impotência. Todos já nos irritamos com o crescimento lento, frustrante, necessário para chegarmos aonde almejamos.

DATA / /

Descreva um lugar que tenha um significado especial para a sua família.

DATA / /

Se tivesse que escolher, quem você diria que é a pessoa mais valiosa da sua vida? Como você a conheceu e o que acha que o futuro lhes reserva?

DATA / /

Quais eram os cinco livros que você amava quando criança?

1

2

3

4

5

DATA / /

Descreva uma pessoa na sua vida que seja realmente sábia.

MINHA HISTÓRIA

DATA / /

Use este espaço para escrever uma carta a alguém que você não vê há tempos e o atualize sobre o que aconteceu na sua vida desde a última vez que se viram.

DATA / /

Use este espaço para anotar os ditados preferidos da sua família, quem os disse e o significado que têm para você.

Poucas vezes na vida eu tinha usado um vestido de gala, mas a criação de Jason Wu operou um pequeno milagre, fazendo com que eu me sentisse leve, bela e livre quando já começava a pensar que não me restava mais nada para mostrar.

DATA / /

Liste dez peças de roupa que você adorou, bem como quando e onde as usou.

1.

2.

3.

4.

5.

6.

7.

8.

9.

10.

DATA / /

A educação foi o principal instrumento de mudança na minha vida, minha alavanca para ascender na sociedade.

Que papel a educação — seja formal ou informal — teve na sua vida?

DATA / /

Descreva com todos os detalhes possíveis uma de suas lembranças da infância preferidas.

DATA / /

Liste dez coisas que você notou hoje, a caminho de casa, que talvez ninguém mais tenha percebido.

1.

2.

3.

4.

5.

6.

7.

8.

9.

10.

DATA / /

Passe uma noite ou uma tarde sem olhar as redes sociais e as notícias. Como você se sentiu depois de se desconectar, mesmo que por pouco tempo?

DATA / /

Quando sua família inteira se reúne, o que você faz?

MINHA HISTÓRIA

Tive a sorte de contar com pais, professores e mentores que me nutriam regularmente com uma mensagem simples:

Você tem valor.

DATA / /

Quem lhe dá a sensação de que você tem valor? Como essas pessoas demonstram isso?

MINHA HISTÓRIA

DATA / /

O que você gosta de fazer para cuidar da saúde?

DATA / /

Liste três hobbies que você gostaria de aprender. Por que despertam seu interesse?

Meu pai adorava ter uma desculpa para dirigir. Era dedicado ao carro, um Buick Electra 225, cor de bronze, com duas portas, ao qual se referia pelo apelido do modelo, "Dois e Vinte e Cinco".

Descreva o carro da sua família ou outros meios de transporte que você usava quando criança. Anote os sons e cheiros.

DATA / /

DATA / /

Qual foi a viagem de carro mais longa que você já fez?

DATA / /

O que faria do seu bairro um lugar melhor?

MINHA HISTÓRIA

DATA / /

Mesmo novas, as crianças sabem quando estão sendo desvalorizadas.

Como você faz as crianças ao seu redor se sentirem valorizadas?

DATA / /

O que o mantém acordado à noite?

DATA / /

Em que este ano foi diferente do ano passado?

DATA / /

Quais são as cinco coisas que você quer realizar até o fim do mês?

1

2

3

4

5

DATA / /

Feche este diário, feche os olhos e respire fundo dez vezes. Anote como está se sentindo.

DATA / /

Pense sobre o momento em que teve que se desfazer de algo que amava. Do que você se desfez e por quê?

DATA / /

Qual foi a última vez que você viu o sol se pôr? O que estava fazendo na época?

DATA / /

Fazer sua história é nunca desistir da ideia de que há sempre mais formas de crescer.

O que transformação significa para você?

O material selecionado aparece originalmente no livro *Minha história*, da Michelle Obama, publicado pela Objetiva, um selo do Grupo Companhia das Letras, São Paulo, 2018.

Grafia atualizada segundo o Acordo Ortográfico da Língua Portuguesa de 1990, que entrou em vigor no Brasil em 2009.

Título original
Becoming: A Guided Journal for Discovering Your Voice

Tradução
Débora Landsberg, Denise Bottmann e Renato Marques

Capa
Christopher Brand

Foto de capa
Miller Mobley

Revisão
Ana Maria Barbosa e Carmen T. S. Costa

Dados Internacionais de Catalogação na Publicação (CIP)
(Câmara Brasileira do Livro, SP, Brasil)

Obama, Michelle, 1964-
Minha história : um diário para encontrar sua voz / Michelle Obama ; tradução Débora Landsberg, Denise Bottmann, Renato Marques. — 1ª ed. — Rio de Janeiro : Objetiva, 2019.

Título original: Becoming : A Guided Journal for Discovering Your Voice.
ISBN 978-85-470-0097-4

1. Diários 2. Cônjuges de presidentes — Estados Unidos — Autobiografia 3. Histórias de vida 4. Obama, Michelle, 1964- I. Título.

19-30483 CDD-920

Índice para catálogo sistemático:
1. Diários : Memórias autobiográficas 920

Maria Alice Ferreira — Bibliotecária — CRB-8/7964

[2019]
Todos os direitos desta edição reservados à
EDITORA SCHWARCZ S.A.
Praça Floriano, 19 — Sala 3001 — Cinelândia
20031-050 — Rio de Janeiro — RJ
Telefone: (21) 3993-7510

www.companhiadasletras.com.br
www.blogdacompanhia.com.br
facebook.com/editoraobjetiva
instagram.com/editora_objetiva
twitter.com/edobjetiva

FSC
www.fsc.org
MISTO
Papel produzido a partir de fontes responsáveis
FSC® C019498

A marca FSC® é a garantia de que a madeira utilizada na fabricação do papel deste livro provém de florestas que foram gerenciadas de maneira ambientalmente correta, socialmente justa e economicamente viável, além de outras fontes de origem controlada.

ESTA OBRA FOI COMPOSTA EM GT EESTI PRO POR OSMANE GARCIA FILHO E IMPRESSA EM OFSETE PELA GEOGRÁFICA SOBRE PAPEL PÓLEN SOFT DA SUZANO S.A. PARA A EDITORA SCHWARCZ EM NOVEMBRO DE 2019

MINHA HISTÓRIA
de coragem

MINHA HISTÓRIA
de compaixão

MINHA HISTÓ
de gentilez

MINHA HISTÓRIA
de felicidade

MINHA HISTÓRIA
de curiosidade

MINHA HISTÓ
de gratidão

MINHA HISTÓRIA
de ousadia

MINHA HISTÓRIA
de autoestima

MINHA HISTÓ
de força

MINHA HISTÓRIA
de honestidade

MINHA HISTÓRIA
que inspira

MINHA HISTÓR
de aceitação

MINHA HISTÓRIA
franca

MINHA HISTÓRIA
de audácia

MINHA HISTÓR
de gratidão